COUP-D'ŒIL

D'UN VIEUX

OBSERVATEUR

SUR

L'ORIGINE

DE LA

RÉVOLUTION FRANÇOISE,

OU LA

DESTRUCTION

DES

JÉSUITES;

Regardée comme une des principales causes de cette Révolution.

1794

COUP-D'ŒIL

D'un vieux Observateur sur l'Origine de la Révolution Françoise ou la Destruction des Jésuites, regardée comme une des principales causes de cette Révolution.

Di multa neglecti dederunt
Hesperiæ mala luctuosæ. Horat. Ode VI. Lib. 3.

Un bel esprit de la cour d'Auguste, un philosophe libertin, un sage qui certainement n'étoit pas dévot, Horace publioit hautement à Rome dans ses écrits, que si cette ville superbe étoit devenue la maîtresse du monde, elle devoit toute sa puissance & sa grandeur à son respect pour les Dieux; *Dis te minorem quod geris imperas.* Mais après la défaite de Crassus & de Labienus, quand il vit les Romains battus par les Daces & par les Scythes; quand il vit fondre sur la République les revers & les malheurs, il ne balança pas d'annoncer à ses concitoyens, que leur indifférence pour le culte établi, que leur négligence à relever les Autels, que la corruption des mœurs & l'impiété étoient la seule cause des désastres qu'ils éprouvoient. Il osa même leur en présager de plus funestes encore, s'ils ne se hâtoient d'expier par une conduite religieuse leurs

A 2   cri-

crimes personnels & ceux de leurs ayeux. Nous ne voyons pas que l'ami de Mécene ait été blâmé par les Romains d'avoir pris la défense de la Religion. Nous ne voyons pas qu'il ait été traité de séditieux ou de fanatique par le premier peuple de l'Univers : au contraire on applaudît à son zele, on admira son courage autant que la beauté de ses vers ; & cette ode sublime, où il reproche aux Romains leurs excès, est passée ainsi que leurs éloges, à la postérité.

Les génies bienfaisans qui voulurent montrer & fermer par leurs soins l'abyme où notre malheureuse Patrie alloit bientôt se précipiter, ne furent pas accueillis avec tant d'indulgence. Depuis long-temps la France portoit dans son sein le germe fatal ; elle offroit au dehors les symptômes effrayans de ces maladies politiques & terribles qui détruisent les Empires ; mais ils n'étoient apperçus que des vrais Sages, de ces hommes clair-voyans & réfléchis qui découvrent de loin, qui combinent, qui calculent, qui rapprochent les évenemens, touchés, allarmés de l'orage prêt à engloutir leur Patrie, ils essayerent de le conjurer.

Les uns versés dans l'Histoire peignirent en traits de feu la ruine épouvantable de Sodome, de Ninive, de Babylone, de Jérusalem, de l'ancienne Rome. Ils développerent les ressorts secrets de cette Providence tranquille qui voit tout, qui souffre tout ; mais qui enfin ne manque jamais de punir rigoureusement les Nations cou-

coupables. Il firent voir dans des écrits lumi-
neux que les mêmes causes devoient produire
& produiroient certainement les mêmes effets.
Leurs ouvrages ne flattoient pas les passions ;
ils ne contenoient que de tristes vérités ; on
les méprisa, on ne les lût pas.

Les autres animés par le beau feu d'Elo-
quence, monterent dans les Chaires sacreés,
ils tonnerent contre le luxe, la déprávation gè-
nérale des mœurs, la lecture de ces livres per-
vers qui empoisonnent les ames, contre la dé-
sertion de nos Temples, contre l'abandon, l'ou-
bli presque total de la Religion sainte, dont
Dieu lui même est l'auteur & l'objet. Ils mon-
trerent le Ciel irrité, prêt à lancer sa foudre
sur la tête des coupables. On sourît dédaigneu-
sement à leur zele, on les appella des hommes
inquiets & turbulens : on ne les écouta plus.

Des voix qu'on devoit croire plus imposan-
tes, se firent entendre de toute part. Les Pasteurs des peuples, les Pontifes du Très-Haut
parlerent : ils exposerent aux Magistrats que
la Religion ne pouvoit être attaquée, sans que
l'ordre social & la paix publique en souffris-
sent. Ils remontrerent aux Souverains, que les
bases de l'Autel & du Trône étoient les mêmes ; que si l'un venoit à tomber, l'autre ne
tarderoit pas à s'écrouler lui-même ; que les
ennemis du Culte saint étoient ou devien-
droient bientôt les ennemis des Rois. La Politique des Cours toujours incertaine & embarras-
sée, quand elle ne repose pas sur les fonde-

                mens

mens invariables de la Religion, ne chercha que des faux-fuyans & des palliatifs. On fit des promesses, mais des promesses vagues & sans effets : elle insinua même que la modération & le silence, étoient peut-être les seules armes, que les ministres du Seigneur dûssent opposer aux sacrileges efforts de ses ennemis. Ceux-ci qui ne redoutoient que la force & l'autorité, voyant qu'ils n'avoient rien à craindre, en devinrent plus furieux. La foiblesse du gouvernement augmenta leur audace. Les amis de l'ordre & de la Religion commencerent dès-lors à perdre toute espérance, & leurs allarmes n'étoient que trop bien fondées.

Dans ce Royaume, jadis très-chrétien, il s'étoit formé depuis environ soixant ans une école d'impiété inconnue à nos pères. Soit altération dans les principes du goût, soit désespoir d'atteindre à la hauteur des grands hommes qui avoient illustré le beau siecle de Louis XIV, ces Docteurs modernes voulurent se frayer de nouvelles routes vers la célébrité. A la perfection de l'art ils substituoient la rigueur seche du raisonnement. Ils osoient soumettre à leurs froids calculs jusqu'aux profondeurs sublimes & mystérieuses de notre sainte Religion. Au lieu de cette Foi simple & soumise qu'avoient professée les beaux esprits, les Héros du dix septieme siecle, ils se glorifioient d'afficher l'incrédulité la plus audacieuse, le scepticisme le plus décidé.

Leur chef fût un de ces génies malfaisans,

nés

nés pour le malheur de la terre qui les a nourris ; homme doué d'un esprit supérieur & rare, mais méchant, orgueilleux & jaloux, écrivain brillant, mais licentieux, la pudeur & l'innocence ne le lûrent jamais sans danger. Ne pouvant effacer ni Bossuet, ni Corneille, ni Racine qui lui faisoient ombrage, il voulut éblouir, s'il ne pouvoit subjuguer : trop foible pour enlever comme eux l'admiration, il essaya de la surprendre. Sa plume embellissoit tout ; mais il ne créa jamais rien. Ennemi de la Religion parce qu'elle l'humilioit de l'autorité, parce qu'elle genoit son indépendance, il leur déclara la guerre. Il jetta des doutes & des ridicules sur les objets les plus certains & les plus respectables ; il affecta de louer tout ce qu'on avoit condamné, d'avilir tout ce qu'on avoit honnoré avant lui. Il n'écrivoit l'histoire, que pour brouiller, que pour renverser toutes les idées reçues.

Comme son siecle étoit frivole & corrompu, il fit un grand nombre de disciples. Tous furent très-ardens, & quiconque n'admiroit pas Voltaire, devenoit l'ennemi de ces nouveaux adeptes qui prirent le nom de Philosophes. Les hommes légers & superficiels, les jeunes-gens, les libertins, tous ceux que la morale chrétienne contrarie, se rallierent sous ser drapeaux. Helvetius, Diderot, d'Alembert, Condorcet, &c. obtinrent les premiers rangs dans cette nouvelle milice. On répandit avec profusion des ouvrages, où tantôt l'impiété se montroit

à dé-

à découvert, tantôt étoit artificieusement ca-
chée sous les charmes d'un style enchanteur.
De la capitale, le poison circuloit dans les
provinces. Mille écos répétoient les maximes
hardies de ces précepteurs du genre humain.
On tînt des assemblées clandestines, on forma
des plans, & il fût résolu de disposer si bien
les esprits, qu'on saisiroit la premiere occasion d'attaquer à la fois, & la Religion de Jesus-Christ, à laquelle on en vouloit, & la Royauté, qui en France lui servoit d'appui.

Un corps célebre, dévoué à l'étude des lettres & à la défense de l'Eglise, observoit tous
les mouvemens de ces nouveaux ennemis de la
Religion. Il épioit toutes leurs démarches, &
dès qu'ils avoient lancé quelques traits contre
l'Arche sainte, il les harceloit, les attaquoit
avec vigueur, dèvoiloit aux fideles leurs ruses
insidieuses, éventoit le poison répandu dans
leurs ouvrages, & réfutoit victorieusement toutes leurs erreurs.

Tant de zele & de vigilance irrita les philosophes. Ils virent bien que cette société, sa-
vante & active, s'opposeroit toujours à leurs
desseins. Ils jurerent sa perte, & la destruction des Jésuites fut arrêtée. Je bornerai mon
premier coup d'œil à cette époque de notre
histoire: quoiqu'elle ait précédé de vingt sept
ans la Révolution, elle ne lui est point du tout
étrangere; je crois même que cet évenement
préparé de loin avec beaucoup d'art, pressé dans
le tems avec une violence inouie, a eu la plus
gran-

grande influence sur la Révolution, & que dans
les vues de ceux qui la désiroient & la médi-
toient peut-être, il a été un des principaux
moyens de la préparer, de l'amener & de la
consommer. Le développement de ces deux
idées pourra bien convaincre plus d'un lecteur.

Dès que la société des Jésuites parût dans
le monde, elle jetta un éclat singulier. Les
premiers hommes qui la composoient, furent
distingués ou par de grandes vertus ou par de
vastes connoissances. Les Républiques, tout les
Souverains catholiques de l'Europe voulurent
les attirer dans leurs états, & on remarqua
qu'ils n'eurent pour ennemis que ceux de l'E-
glise, dont ils étoient de zélés défenseurs, ou
les corps enseignans qui redoutoient leurs succès. Dans la suite, jusqu'à nos jours, ils furent
estimés & chéris de tous ceux qui aimoient les
lettres, les mœurs, la saine doctrine & la Religion. En effet qu'on remonte jusqu'à leur origine, on ne trouvera pas un personnage connu
par ses vertus & sur-tout par sa catholicité,
qui ait écrit contre les Jésuites. L'Evêque Pal-
lafox est le seul homme qui avec une réputa-
tion de piété, leur ait déclaré la guerre; mais
il a fini par reconnoître qu'il avoit été trompé
& a rétracté dans ses dernieres lettres, tout le
mal qu'il en avoit dit. Les Libertins, les Mé-
créans, les Sectaires de toute espece, les Calvinistes sur-tout & les Luthériens leur jurerent
une haine implacable : ils inventerent, ils pu-
blierent contre eux les calomnies les plus noi-

res,

res, mais les plus absurdes, & tout ce que de nos jours ont écrit sur leur compte les Jansénistes & les Philosophes, se trouve mot pour mot dans les diatribes des Hérétiques du seizieme siecle. Ceux-là n'ont été absolument que les échos de ceux-ci. Je suis vieux, j'ai beaucoup lu, j'ai tâché de me mettre en gard contres les préjugés ; je ne crains point d'en appeller au témoignage des hommes instruits & impartiaux. On ne citera guere d'écrivains contraires aux Jésuites, qui ne soient sortis des écoles de Généve, du Port-Royal, ou de la Philosophie moderne, c'est-à-dire, partisans de l'hérésie, du libertinage & de l'incrédulité.

Les sarcames & les calomnies des hérétiques n'empêcherent pas la France d'ouvrir son sein à la *Compagnie de Jesus*. Elle y appella même ses membres pous les opposer aux progrès du Calvinisme & du Luthéranisme, qui causoient en Allemagne les plus affreux ravages. Les Jésuites justifierent l'opinion qu'on avoit d'eux. Jamais ces deux hérésies ne pûrent s'enraciner en France, & c'est principalement à leur zèle, qu'elle dût le bonheur d'en être préservée. Henri IV. qui connoissoit les Jésuites & les aimoit, fût leur protecteur ; il daigna même les défendre, & plaida, pour ainsi dire, leur cause avec beaucoup d'esprit, contre le Parlement de Paris (a). Il leur donna sa magnifique maison de la Flèche. A son exemple toutes les Capitales des Provinces, un grand

nom-

____

(a) Voyez Dupleix, & les Mémoires de Villeroi.

nombre d'autres villes leur bâtirent des Colléges. Bientôt dans leurs différentes fonctions ils
embrasserent tous les états, tous les ordres,
toutes les conditions. Permettons-nous là-dessus
quelques détails intéressans pour les gens-de-
bien, & qui ne peuvent déplaire qu'à une classe
d'hommes, pour qui depuis la révolution, nous
ne devons plus avoir aucuns égards. Ces détails,
en nous rappellant nos pertes, serviront à
prouver la proposition que j'ai avancée.

Les Rois Catholiques appellerent auprès d'eux
les Jésuites, pour diriger leur conscience, celle
des Reines, leurs épouses, des Princes, leurs
enfans; & jusqu'au moment de leur destruction,
ils sont restés en possession de cette fonction
importante & délicate. Les Evêques, les Grands
de la cour, les Magistrats les plus célèbres qui
pour la plûpart, avoient été élevés par eux,
surs de trouver chez les Jésuites des hommes
éclairés & vertueux, les consultoient dans leurs
affaires les plus épineuses.

Dans toute l'étendue du Royaume, les chaires crétiennes étoient remplies par les Jésuites.
Les grands, les petits, les riches, les pauvres,
les savans, le peuple courroient en foule pour
les entendre, souvent pour les admirer, & toujours pour s'edifier & s'instruire. Les plus pe-
tites villes, les bourgades & les hameaux n'é-
toient point privés des secours spitituels de ces
hommes apostoliques. Appellés par les Pasteurs,
ils se répandoient dans les campagnes; ils y prêchoient l'amour du travail, la patience dans les

fa-

fatigues, la soumission aux loix de Dieu & du Prince ; l'horreur du vice, la pureté des mœurs, le goût de la piété, la fréquentation des Sacremens, & ne quittoient jamais les lieux, qu'ils avoient arrosé de leurs sueurs, qu'après y avoir planté le signe adorable de Jesus-Christ en croix. Ce signe vénérable que le voyageur rencontroit par-tout, avant les jours malheureux où nous vivons, rappelloit aux pieux habitans des campagnes, & les promesses qu'ils avoient faites à Dieu pendant la Mission, & les instructions de leurs zélés Missionnaires. Les peres en parloient encore long-tems après à leurs enfans, & ce souvenir transmettoit dans leurs familles l'habitude & l'exercice de toutes les vertus.

Je ne puis me rappeller sans attendrissement les charitables industries, les moyens variés qu'employoient les Jésuites pour gagner tous les hommes à Dieu. Dans toutes leurs maisons, ils avoient établi de pieuses associations, où on instruisoit séparement de leurs devoirs respectifs les nobles & les artisans, les maîtres & les domestiques, les hommes faits & les jeunes-gens. Que d'avantages en résultoient pour la société civile ! Les jeunes-gens en devenoient plus sages & plus soumis, les époux plus réglés & plus assidus, les maîtres plus exemplaires & plus humains, les serviteurs plus fideles & plus appliquées, les ouvriers plus laborieux, la paix & la Vertu regnoient dans les ménages. Tous ceux qui fréquentoient ces assemblées religeuses étoient communément l'exemple des
vil-

villes par leur bonne conduite, la régularité de leurs mœurs, la droiture & la sureté dans le commerce. A Lyon il y avoit jusqu'à sept de ces Congrégations pour les nombreux ouvriers que cette grande ville occupoit à ses manufactures. Combien de fois les Magistrats ont-ils prié les Jésuites de venir dans des momens de fermentation & de trouble, calmer dans les flots tumultueux cette multitude révoltée? La présence, les discours de ces bons Religieux, ont mille fois appaisé des esprits irrités, que la force eût en vain essayé d'adoucir, & souvent Lyon a dû son salut & sa tranquillité au zèle, à l'éloquence, à l'ascendant des Jésuites sur les artisans & les ouriers, accoutumés à entendre & à sespecter la voix de leurs sages & pieux directeurs. C'est le témoignage que les administrateurs publics ont rendu plus d'une fois, au Gouvernement en faveur des Jésuites; & le Gouvernement à consenti à leur destruction! Les événemens prouvent ce que le Gouvernement & Lyon y ont gagné.

Si une maladie contagieuse venoit à infecter quelqu'une de nos provinces, c'étoit parmi les Jésuites à qui solliciteroit, à qui obtiendroit la faveur d'aller au secours des pestiférés. On se rappelle que, quand la peste désola Marseille, les Jésuites y volerent avec ardeur de tous les coins de la France. M. de Belzunce, alors Evêque de Marseille, ce généreux, ce saint Prélat, qui sacrifia tout pour son troupeau, ne pouvoit se lasser d'admirer & de louer le cou-

rage

rage infatigable de ces peres, qui en très-grand nombre moururent victimes de leur zele & de leurs travaux.

Que dirai-je des missions étrangeres, genre d'apostolat peu recherché avant les Jésuites, & qu'ils remplissoient avec un zele & une ferveur, qui étonnoient jusqu'aux barbares qui en étoient l'objet? Des hommes accoutumés, pour la plûpart, à une vie douce & commode, quittoient leur patrie, leurs proches, leurs habitudes, pour franchir les mers, aller, les uns dans les contrées brûlantes de l'Afrique, les autres dans les régions glaciales du Canada, chez les Hurons & les Iroquois; ceux-ci dans les Indes, ceux-là dans l'Amérique : tous se dévouoient à mille dangers, à la mort la plus cruelle, pour aller conquérir des ames à Jesus-Christ, & prêcher l'Evangile du salut. Ils n'étoient rebutés ni par la barbarie des Sauvages, ni par la grossiéreté des Négres, ni par la cruauté des Mahométans, ni par la dédaigneuse hauteur des Chinois. On sait les services qu'ils rendoient dans leurs Missions & à la Religion & aux sciences même, & aux Souverains, dont ils étoient les sujets, sur-tout aux Rois de France, avant que les Anglois fussent maîtres du Canada. J'en atteste les vieux officiers de la Marine, & tous ceux qui ont été à même de connoître les affaires de ce département. Une chose digne de remarque, c'est que le Canada qui fait partie de l'Amérique Septentrionale, malgré toutes les sollicitations des Etats unis,

n'à

n'a jamais voulu se joindre à eux, pous sé-
couer le joug de l'Angleterre, fidélité que le
Gouvernement Anglois a reconnu devoir aux
principes & aux instructions des Jésuites. Peut-
on aimer la Religion catholique, peut on connoître le prix des ames, & ne pas éprouver
un vif sentiment de douleur, quand on pense
que, si depuis 1762, les Jésuites avoient continué d'exister, des millions de Sauvages. &
d'Idolatres auroient connu Jesus-Christ, & échap-
pé à l'enfer? Que peut-être nos colonies auroient été préservées des maux affreux, où
les ont entraînées l'esprit philosophique, & la
révolte contre leur Roi légitime? Quel compte
terrible auront à rendre au souverain Juge,
tous ceux qui ont contribué à l'extinction d'un
corps aussi utile & aussi courageux! J'ai oui
dire au pere le Forestier, homme de beaucoup
d'esprit, & plein de candeur, supérieur des
Jésuites à Paris, qu'en France il n'y avoit
peut-être pas un Jésuite, qui, dès qu'il étoit
prêtre, ne demandât avec instance à partir
pour les Missions. Quels hommes! Mais mon
dessein n'est pas de faire leur panégyrique; je
ne me suis proposé que de rapporter les faits.
Continuons le détail des fonctions, auxquelles
se livroient les Jésuites.

Une des principales & des plus universelles,
étoit l'éducation de la jeunesse. Dans la France
seule, quatre mille hommes instruits & vertueux, formés avec soin par les plus habiles maitres, se dévouoient à ce genre de travail,

vail, si important pour l'honneur & le repos des familles, pour le bonheur & l'honnêteté des générations, pous le bien public, pour la gloire & la sûreté des Empires. Dans leurs écoles, on ne parloit que le langage de la saine Raison, de la Décence, de l'Honneur & de la Vertu. Les enfans en y entrant, trouvoient de jeunes Professeurs, tous sujets choisis, pleins de piété, qui ayant reçu eux-même une bonne éducation, perfectionnée par deux ans d'épreuves, étoient en état d'en donner une excellente à leurs éleves. Ils les façonnoient imperceptiblement, sans violence & avec un art infini, à l'obéissance, à l'amour de l'ordre, du travail & du devoir. Ils s'entendoient avec les parens, pour continuer en quelque sorte, dans l'intérieur des familles, les leçons qu'ils avoient données en public; pour concerter avec eux les moyens d'éloigner de ces jeunes cœurs tout ce qui auroit pû les amollir, les séduire & les corrompre. Persuadés qu'un jeune homme ne cesse d'être aimable, docile & appliqué, qu'au moment où il cesse d'être innocent; que de précaution, que de pieuses adresses de la part de ces maîtres également habiles & zélés, pour écarter de leurs éleves toute espece de dangers, soit en leur inspirant avec force en toute occasion la crainte de Dieu; car la Religion étoit la base de toutes leurs leçons, soit en leur donnant de l'horreur pour les mauvais sujets & les libertins, pour les jeux publics: &, comme ils

ne

ne négligeoient rien pour être instruits de tout ce que faisoient leurs écoliers, quiconque après plusieurs avis sérieux continuoit à les fréquenter, étoit impitoyablement chassé de leurs classes.

Que ceux qui ont étudié chez les Jésuites, que ceux sur-tout qui ont été élevés dans leurs Colleges de Louis-le-Grand, de la Fléche, de Lyon, de Pont-a-Mousson, &c. disent eux-mêmes, quelle police admirable regnoit dans ces maisons ! combien d'yeux étoient ouverts sur les pensionnaires ! combien de surveillans étoient établis, pour prévenir & empêcher les fautes ! avec quelle scrupuleuse attention, avec quel zele on écartoit de ces précieux dépôts, tout ce qui auroit pû altérer les bonnes mœurs ! On n'y souffroit jamais l'entrée d'un mauvais livre. On avoit soin de procurer à ces jeunes gens tous ceux qui pouvoient les instruire, les former, les amuser même innocemment; mais on proscrivoit sans misericorde tous ceux qui auroient pû nuire à leur foi ou à leur innocence. A ces préservatifs salutaires, que d'exhortations, que de leçons utiles & pathétiques n'ajoûtoit-on pas? Les meilleurs de toutes, & les plus efficaces étoient les exemples mêmes des maîtres. Si, malgré tant de soins, il ne laissoit pas de se glisser quelques désordres dans des gymnases si bien réglés, que devoit-il donc arriver dans ceux où la plûpart de ces précautions étoient inconnues ou négligées ?

Ce qui perd la jeunesse, c'est l'oisivité. Chez

les

les Jésuites le tems étoit si bien distribué, que tous les momens étoient partagés entre des actes de Religion, des études solides & suivies, des exercices honnêtes & des récréations nécessaires. Jamais les jeunes gens n'y étoient seuls. Enfin on veilloit à leur fanté, comme à leurs ames ; aussi les parens étoient-ils fort tranquilles sur les enfans qu'ils leur avoient confiés.

Je ne dirai rien sur la maniere d'enseigner des Jésuites. J'observerai seulement que le célebre Bacon, Chancelier d'Angleterre regrettoit naïvement qu'ils ne fussent pas de sa Religion, & ne voyoit rien au-dessus de leur maniere d'instruire & de former la jeunesse (b). J'observerai que depuis près de deux siecles, tout ce qu'il y a eû en France d'hommes vertueux, de grands hommes, soit dans l'Eglise, soit dans l'Epée, soit dans la Robe ; presque tout ce qu'il y a eu de célèbre dans les sciences, les lettres, les arts & toutes les conditions, a été jusqu'en 1762, elevé, instruit, formé dès l'âge le plus tendre par les Jésuites. Certes on n'accusera pas d'ignorance le fiecle de Louis XIV : or jamais les Jésuites n'ont jetté plus d'éclat que sous le regne de ce grand Roi qui les honnora de sa

con-

(b) *Jesuitarum cùm intueor industriam solertiamque, tàm in Doctrinâ excolendâ, quam in moribus informandis, illud occurrit Agesilai de Pharnabazâ, talis cùm sis, utinàm noster esses. Ad pædagogiam quod attinet, brevissimum foret dictu : consule scholas Jesuitarum : nihil enim, quod in usum venit, hic melius.*
Bacon de augm. Scient. Lib. 1 & 6.

confiance & de ses bontés ; jamais leurs écoles n'ont été plus fréquentées & plus brillantes.
Et ce qui prouve en faveur de leur méthode
d'enseigner, c'est que jusqu'aux derniers momens de leur existence, leurs ennemis même
envoyoient leurs enfans recevoir les leçons de
ces hommes là-même qu'ils vouloient perdre ;
c'est qu'à peine leur proscription fût prononcée, un cri général se fit entendre, non-seulement en France, mais dans toute l'Europe, sur
la perte prochaine des bonnes études, & de
l'éducation publique .

Ces craintes n'étoient pas sans fondement.
Il s'agissoit de suppléer presque dans toutes
les villes de la France, quatre mille Institu-
teurs expérimentés, qui tous enseignoient par-
tout la même Doctrine, suivoient la même méthode, étoient dirigés par le même esprit, agis-
soient selon les mêmes principes, les inspi-
roient à toute la jeunesse du royaume, lui donnoient une éducation uniforme. Il falloit rem-
placer quatre mille maîtres estimés & respe-
ctés de leurs disciples, des hommes désinté-
ressés, graves dans leurs mœurs, d'une conduite irréprochable, dont les leçons étoient sou-
tenues par le bon exemple, & qui emportoient
les regrets des enfans eux-mêmes, ceux de leurs
parens, & jusqu'à l'estime de leurs propres
ennemis.

Des considerations si puissantes, loin d'arrê-
ter les ennemis de la société, ne firent qu'ir-
riter leur fureur. On chassoit les Jésuites, non

parce

parce qu'ils étoient mauvais, mais parce qu'ils n'étoient que trop bons. On avoit l'air de dé-crier leur Doctrine en public; mais dans le fond on ne la trouvoit que trop pure, & trop contraire aux vues qu'on se proposoit. Les Phi-losophes & les Jansénistes étoient les vrais artisans de cette œuvre inique. Les premiers vouloient régénérer la Nation, c'est-à dire, éteindre dans les François tout principe, tou-te lueur de Religion. Pour former à leur grè une génération nouvelle, il falloit commencer par l'enfance & la jeunesse. On ne pouvoit espérer de réussir, tant que l'une & l'autre seroit entre les mains des Jésuites; aussi après les avoir détruits, on les persécuta de toute maniere, & sur-tout on eût grand soin de leur interdire tout enseignement, soit public, soit particulier. Les arrêts des Parlemens séconde-rent, on ne peut pas mieux, sur cet article, le vœu des Philosophes & des Jansénistes leurs associés.

On ne voulut pas d'abord effaroucher les esprits. On se garda bien, dans le commence-ment, d'exclurre les Ecclésiastiques, des nou-veaux Colléges; ç'eût été annoncer trop clai-rément le plan des Philosophes, mais on com-posa les bureaux qui devoient les administrer, de maniere que l'Evêque du Lieu & un Grand-Vicaire tout-au-plus, y eûssent voix délibéra-tive. Les autres membres du bureau étoient tous des Séculiers, & sur-tout des Magistrats, ou des Avocats, dévoués alors par état aux Par-le-

lemens. Par-là l'influence du Clergé sur l'éducation publique, devenoit presque nulle; & c'est ce q'on vouloit, pour en bannir peu-à-peu toute instruction religieuse. Insensiblement on donna des dégoûts, on chercha querelle aux Professeurs ecclésiastiques, on les élimina, ou on ne conserva que ceux, sur qui on pouvoit compter. Bientôt on ne voulut plus absolument que des Séculiers, encore, faillot-il qu'ils eûssent une forte teinte de philosophie, c'est-à-dire, d'indifférence au moins pour la Religion. Enfin d'Alembert, un des coriphées des Philosophes, ennemi juré des Jésuites, homme sans aucune espece de Religion, devint le juge du mérite, & le dispensateur des places. Il falloit avoir son attache pour les chaires de Professeurs, même les plus médiocres. C'est lui qui recrutoit pour les Provinces, sur-tout pour les grandes villes, même pour les pays étrangers. Il étendit son inspection jusques sur les éducations particulieres, principalement dans les grandes maisons. Les gens de lettres, les Académiciens, ses Emissaires tous Partisans de la philosophie, avoient leurs créatures, & c'est parmi elles, qu'on choisissoit les Professeurs destinés aux éducations distinguées. Quelques moines étoient bien en possession d'un petit nombre de colléges; mais on sût bientôt mettre à la raison, ceux qui s'avisoient de faire entrer la Religion dans leurs leçons. On jetta sur eux du ridicule; d'Alembert traça des plans d'études philosophiques, & ces maîtres dociles,

en-

entachés, pour la plûpart, des principes à la mode, ne causerent bientôt plus d'inquiétude au parti. D'autres religieux, amis des Parlemens, ne donnoient aucun ombrage ; & on étoit bien sûr que le Jansénisme & la nouvelle Philosophie seroient toujours d'accord.

Ainsi en France, dans l'espace de quelques mois, on bouleversa toutes les idées de la jeunesse. Aux principes monarchiques & religieux, que lui avoient suggerés les Jésuites, on substitua des opinions absolument opposées. Ces ames tendres & susceptibiles de toutes les impressions, oublierent bientôt & leurs anciens maîtres, & leurs sages leçons. Les nouveaux régens parurent bien plus traitables & plus commodes. Ils donnoient sur tous les points bien plus de liberté. C'étoient des hommes agréables & du bon ton. Ils ne parloient ni de soumission au Roi ni de lectures chrétiennes, ni de respect dans le lieu saint, ni de prieres, ni de Sacremens, ni d'une autre vie après celle-ci. On ne les estimoit peut-être pas, mais on les trouvoit bien moins gênans, bien plus indulgens que les Jésuites, auxquels on ne pensa bientôt plus, que pour s'en mocquer. Les passions n'eurent plus de frein, & dès leur naissance devinrent impérieuses & terribles.

Voilà par quels moyens perfides on empoisonna les premieres fources de la vertu. Voilà comment on opéra dès lors dans le cœur & l'esprit de la jeunesse, cette portion précieuse du genre hu-

humain, une révolution funeste, avant cour-
riere de celle qui éclata en 1789.

Mais nous ne parlons encore que des premieres tentatives de la Secte philosophique,
pour déraciner ce qu'elle appelloit les préjugés,
c'est-à-dire, pous effacer toutes les traces de
Religion, dans l'ame de ceux qui avoient d'a-
bord étudié chez les Jésuites. Elle se mît bien
plus à son aise, quand ces jeunes gens, toujours suspects à cause de leur premiere éducation, eûrent fini le cours de leurs études, &
quitterent les Colléges. Ce fût l'affaire de deux
ou trois ans. N'ayant plus à travailler que sur
des esprits tout neufs, & ne craignant plus de
la part des écoliers, les désagrémens de la com-
paraison, c'est alors qu'elle donna une libre
carriere à son systéme.

Les Jésuites furent détruits dans le ressort du
parlement de Paris en 1762, & par les autres
Parlemens, la même année ou la suivante.

Dès 1766, les Colléges ne furent plus que
des écoles absolument profanes, où on ne pro-
nonçoit le nom de Dieu que rarement, avec
froideur, & par un reste de bienséance. On
confioit l'âge le plus tendre & le plus respecta-
ble à des maîtres mercenaires, sans foi, sans
principes religieux, sans mœurs & sans décence. Le trait suivant m'a toujours fait frémir.

A Rennes en Bretagne, un Laïc régent du
Collége, fût pris par la patrouille, & arrêté
pendant la nuit dans un mauvais lieu, où il
faisoit du tapage. On le conduisit au corps de

B 4

gar-

garde , & on l'y retint parce qu'il ne voulut pas se nommer. Le lendemain matin , voyant l'heure des classes approcher, il fût obligé de se faire connoître. L'officier de garde alla rendre compte de cette aventure à M. de la Chalottais procureur général du Parlement , qui ordonna de rendre la liberté au Professeur, en disant que *la faute de ce jeune homme étoit une foiblesse humaine , bien moins dangereuse qu'une mauvaise Doctrine* , faisant allusion à celle des ci-devant Jésuites. Le Régent fut hué en rentrant au College , par les grands écoliers instruits de son histoire. Quel bien pouvoient faire des Maîtres si méprisés & si méprisables ? Quelles réflexions ne font pas naître & la réponse du Magistrat , & la conduite du Professeur ?

Je sais que plusieurs Prélats, & spécialment M. de Girac , Evêque de Rennes , veilloient avec soin au choix des Professeurs publics ; mais par-tout ils n'étoient pas les maîtres, & la cabale philosophique étoit plus puissante qu'eux. Aussi quels désordres , quelle insubordination, quelle licence dans la jeunesse , depuis trente ans sur-tout ! jamais elle ne fût si hardie , si présomptueuse, si déréglée, si peu respectueuse envers ses parens & les veillard. Elle a voulu donner le ton jusqu'à la cour de nos Rois. Oui, tous ces abus ont leurs sources dans une mauvaise éducation, dans une éducation trop libre, dans une éducation anti-chrétienne. Tous ces abus sont le crime de la Philosophie. Peu contente de s'emparer des Colleges , pour corrompre pré & perdre l'esprit des jeunes gens, elle érigea dans la capitale des chaires publiques d'impiété : car qu'étoient-ce que ces lycées où se rendoient en foule nos petits maîtres, & les femmes frivoles de Paris? sinon des écoles de pyrrhonisme, d'indépendance & d'irréligion, où la Harpe & les Garat, sous prétexte d'expliquer l'histoire, & de donner des regles de goût, n'apprenoient en effet que l'art funeste de douter de tout, de juger de tout, de prononcer sur tout avec audace, avec légéreté; ne louoient que les prétendues vertus, ou plutôt les crimes des Brutus & des Catons, & jettoient dans les ames de leurs auditeurs, les germes pernicieux de ce républicanisme, de cette fausse liberté, de cette égalité phantastique, dont nous avons vû les fruits empoisonnés & destructeurs.

Arrêtons-nous & résumons. Les Jésuites avoient en France au moins cent vingt Colleges. Mettons dans chaque College 500 écoliers, quoi-qu'il y en eût beaucoup, où le nombre des écoliers alloit à mille ou douze cents chaque année. Les Jésuites instruisoient donc au moins, soixante mille jeunes citoyens. Ces Peres furent détruits en 1762. Depuis 1762 jusqu'à 1789, époque de la révolution, il s'est écolué 27 ans. Voilà donc un espace de 27 ans, pendant lequel la jeunesse du Royaume n'a plus été formée par eux : donc parmi les François qui au moment de la révolution avoient 27, 30 & 33 ans, ajoutez-y ceux, qui, lors de la destruction des Jésuites n'avoient que douze ou treize ans,

âge

âge auquel, ou ils n'étoient pas encore au Collège, ou ne pouvoient encore avoir des principes bien arrêtés sur les mœurs & la Religion : donc parmi les François arrivés en 1789 à l'âge de 40 ans, & au dessous, aucun n'avoit été, ni pû être disciples des Jésuites : donc presque tous l'avoient été des maîtres nouveaux qu'on avoit par-tout substitués aux Jésuites.

Mais observez que les plus ardens révolutionaires dans les deux premieres assemblées & dans la convention, n'avoient que 28, 30, 36 ou quarante ans. Je ne citerai au hazard que les Chapelliers, les Lameths, les Barnaves, les Brissots, les Pelletiers, les Roberspierres. C'étoient tous ou presque tous des jeunes Philosophes, dont le plus âgé n'avoit pas 40 ans en 1789.

De qui étoient composées les tribunes de l'Assemblée, de qui étoient formés les clubs des Jacobins, des Cordeliers & ceux des Provinces ? De qui étoient organisés les départemens, les districts, les municipalités, sur-tout dans les derniers tems ? De jeunes gens, qui pour la plûpart, n'avoient que 26, 30, 36 ou 40 ans. Ce sont des hommes de cet âge, qui, s'ils n'ont pas été les auteurs & les créateurs de la révolution, l'ont appuyée, l'ont soutenue, l'ont propagée, lui ont donné ce caractere d'audace & de férocité qui a fait frémir toutes les ames honnêtes. Les Avocats ont eû grande part à la révolution, sans doute ; mais on compte peu d'anciens Avocats parmi les coupables. Les plus forcenés furent des jeunes Jurisconsultes, a
pei-

peine sortis des bancs, connus au barreau, par quelques talens, si vous voulez, mais plus connus encore par leur effervescence, leur hardiesse de penser, leur indifférence ou leur éloignement pour toute opinion religieuse.

Ce ne fut point la jeunesse qui domina dans les assemblées Baillageres, qui précéderent les Etats-Généraux ; les cahiers presque par-tout, furent l'ouvrage d'hommes mûrs par ler années & l'expérience ; aussi, sont-ils, pour la plûpart, sages, modérés & religieux. Ce sont, en général, les jeunes gens de 28 ou 30 ans, qui ont fait le plus grand mal, ce sont eux qui ont franchi toutes les bornes.

Revenons sur nos pas. Croyez-vous que, si ces hommes, égarés par les leçons de la Philosophie, au lieu d'être imbus & nourris, pour ainsi dire, de principes hardis & irréligieux, avoient dès l'âge le plus tendre, été formés à l'amour de l'ordre & des loix, à l'obéissance aux autorités légitimes ; avoient été accoutumés de bonne heure à pratiquer les maximes & les devoirs de la Religion, á fréquenter les Sacremens, comme on le faisoit dans les Colleges des Jésuites, à ne voir que des bons exemples, à n'entendre que la voix de la saine raison, de l'honneur de l'honnêteté, de la piété ; croyezvous, dis-je, que ces hommes fussent devenus aussi facilement, des sujets rebelles & factieux, des athées, des monstres, tels que l'histoire d'aucune révolution n'en présenta jamais, au moins dans un nombre si prodigieux?

Non

Non, si les Jésuites avoient continué d'exister, les deux dernieres générations qui ont perdu la France, ne seroient jamais arrivées, du moins aussi universellement, à ce dégré effrayant de dépravation, de révolte & d'impiété, où elles sont parvenues. Les maîtres conservent toûjours un certain ascendant sur leurs éleves, lors même qu'ils en sont séparés : c'étoit même là un des talens particuliers des Jésuites ; ils auroient averti amicalement leurs anciens disciples, s'ils les avoient vû quitter la route, qu'on leur avoit tracée au College. Ils les auroient ramenés, par leurs conseils & leur prudence, aux vrais principes, avant qu'ils s'en fussent totalement écartés. Ou plutôt, par une bonne éducation, par une éducation religieuse, & constamment religieuse, les Jésuites les eussent prémunis de bonne heure, les eussent fortifiés contre la séduction, les eussent garantis de cette corruption en tout genre contre laquelle ces malheureux jeunes gens n'ont trouvé dans leurs ames, aucunes notions, aucuns principes, qui pussent leur servir de préservatif ou de contre-poison.

Cette vérité a été sentie par les étrangers, par les Protestans eux-mêmes. Voici comment s'exprimoit en 1789 un des plus beaux esprits de l'Allemagne, dans une lettre écrite sous le nom d'un Officier, à Monsieur le Comte de Nassau (a).

„ Je

(a) Voyez la feuille de Neuvied 2, septembre 1789.

,, Je regardois, dit M. le Baron de Thun-
,, der le tems à venir, je méditois sur la mo-
,, rale des peuples, & je trouvois que la sup-
,, pression des Jésuites entroit pour beaucoup
,, dans la maniere de penser reçue parmi les
,, nations. Ci-devant les Jésuites tenoient pres-
,, que tous les Palais royaux dans leur dire-
,, ction. La jeunesse étoit formée dans leur
,, College, & imbue des principes d'une obéis-
,, sance légitime. La jeunesse en général étoit
,, élevée dans une discipline sévere. On con-
,, tenoit l'esprit humain dans les bornes de la
,, subordination. Cet institut fût anéanti. Il se
,, forma d'autres plans d'éducation. Les Philo-
,, sophes tracerent une nouvelle route. Ils af-
,, firmerent qu'une éducation grave & sévere
,, ne pouvoit que nuire à la jeunesse ; qu'il
,, falloit instruire les enfans en badinant. Par
,, là s'accrut la liberté de penser ; mais il ne
,, resta que la superficie des sciences. Le sa-
,, voir profond fût moins applaudi qu'un bon
,, mot. Et quelle furent les suites de cette ré-
,, volution? L'esprit indiscipliné, sans regle &
,, sans principe, n'ayant qu'une légere teintu-
,, re de toute chose, s'élance sur toute sorte
,, d'objets, se rit des plus saints devoirs, cri-
,, tique les plus sages dispositions, se mocque
,, des maximes de la société générale, & re-
,, garde comme un jeu, les événemens les plus
,, importans à l'Etat. Faut-il s'étonner que la
,, moindre impulsion dérange tout-à-fait la tê-
,, te de gens ainsi éduqués, & destitués de
,, tou-

„ toute regle & de tout principe sûr? Faut-il
„ s'étonner que la machine politique des Em-
„ pires se détracque &c. ".

Si les Jésuites avoient continué d'exister ;
non-seulement la classe instruite de la nation
l'auroit été par eux au moins en grande partie ; mais tous les états ; toutes les conditions,
auroient pendant les 30 dernieres années, continué de trouver parmi eux des confesseurs
éclairés & pleins d'esprit de Dieu, des prédi-
cateurs instruits & éloquens, des écrivains zélés pour les intérêts de l'autorité légitime, des
mœurs & de la Religion, d'intrépides défenseurs de la saine doctrine, de la morale &
des vrais principes, que depuis long-tems on
travaille à obscurcir. Les peuples des Villes,
les habitans des campagnes auroient continué
de prendre leurs avis, de suivre leurs instructions dans les retraites, dans les missions ,
dans les différens exercices de piété mis en
usage par ces Peres. Peut-on penser qu'alors il
eût été facile de séduire le peuple & les pay-
sans, de les faire renoncer à la fidélité due au
Roi, à la fréquentation des nos Temples, au
culte divin, à la Religion sainte dans laquelle ils sont nés? Croit-on qu'il eût été facile
d'en faire, en si peu de tems, des rebelles,
des ravisseurs, des assassins & des impies.

Si les Jésuites avoient continué d'exister dans
leurs journaux, dans tous leurs écrits, dans
les chaires de la vérité, ils auroient annoncé
aux François & à tous les peuples de l'Europe,

pé, les maux que leur préparoit la philosophie moderne. Ils l'auroient attaquée elle-mê-
me, ils l'auroient harcélée, ils l'auroient com-
battue de toute part, comme ils l'avoient toujours fait auparavant avec succès. Par leurs
amis, par leurs liaisons, par leurs rapports
avec les gens du monde, avec les savans, avec
les hommes de tous les états, il seroient ve-
nus à bout de découvrir les noirs projets, les
desseins perfides les sombres complots des conjurés ; ils les auroient mis au jour, & en les
divulguant, ils les auroient fait échouer : car
une conspiration découverte est une conspiration
manquée. Combien d'autres moyens n'avoient-
ils pas encore d'arreter, & de prévenir même
les maux affreux qui nous ont accablés?

Si les Jésuites avoient continué d'exister, il
est probable qu'ils eûssent conservé leurs places
à la Cour, auprès des Princesses, filles de
Louis XV, auprès de la Reine, auprès du
Roi. Les Ministres les ménageoient, tant qu'ils
eûrent du crédit, & dans l'hypothése, ils ne
l'auroient pas perdu. Monsieur de Maurepas,
tout frivole qu'il étoit, en avoit connu plusieurs très-particuliérement dans son premier
ministere, il les avoit même consulté plus d'une
fois. Ils auroient trouvé moyen d'éloigner Necker
de la cour. Ils auroient représenté avec énergie
au principal Ministre, à la Famille Royale,
à la Reine, au Roi lui-même, le danger de
faire entrer dans le ministere un Protestant,
ennemi par principes de la Religion catholique
& de

& de la Royauté. Le succès de cette seule dé-
marche eût prévenu tous nos malheurs.

Ils auroient vû de loin l'orage affreux qui
se formoit dans les ténebres, ils les auroient
percées, ils auroient connu quelque chose des
menées du Duc d'Orléans, de Mirabeau, &
autres chefs de la conjuration. Ils auroient
montré à la cour de France, le précipice qu'on
creusoit sous ses pas. Si Versailles avoit négligé
leurs avis, il leur eût été facile par leurs con-
freres, confesseurs des Rois d'Espagne, de
Naples, de l'Empereur, du Roi de Sardaigne,
d'instruire tous les Souverains de l'Europe,
amis ou parens des Bourbons, de l'intrigue
horrible qui se tramoit dans le Royaume. Les
puissances étrangeres auroient pû toutes ensem-
ble former par leurs Ambassadeurs, une masse
de lumieres & d'efforts, qui auroient ouvert
les yeux de la cour de France; & peut-être,
ou les Etats généraux n'auroient pas été as-
semblés, ou ils l'auroient été suivant les an-
ciennes formes. Un autre esprit auroit dirigé
le choix des députés, on eût délibéré par ordre, comme on l'avoit toujours fait; cette
jeune Noblesse, ces junes Curés, ces jeunes
Avocats & Procureurs n'y eussent point été
admis, ou au moins, n'y eussent pas donné la
loi. Très-vraisemblablement les cahiers, qui
contenoient le vœu de la Nation, eussent été
suivis; & comme, en général, ils étoint bons,
sages & religeux, & que tout le monde étoit
disposé à faire des sacrifices, les abus auroient
été

été réformés sans trouble ; les propriétés conser-
vées, l'authorité du Roi respectée ; la Religion
maintenue dans toute sa pureté, la France heu-
reuse, plus puissante que jamais ; & son Gouvernement le modéle, & peut-être le désespoir
des Gouvernemens étrangers. Ce qu'il y a de
certain, c'est que j'ai entendu répéter cent fois
pendant la révolution, c'est que j'entends dire
encore tous les jours, que si les Jésuites avoient
existé, la révolution n'auroit pas eût lieu.
J'ai donc eu quelque raison d'avancer, que la
destruction des Jésuites avoit eu beaucoup d'influence sur cette malheureuse révolution. J'ajoûte
que ceux qui ont travaillé avec tant d'ardeur
à la destruction des Jésuites, l'ont regardée
comme un des principaux moyens de préparer,
de faciliter & de consommer une révolution
quel conque, dans la Religion & dans l'Etat.

Il seroit trop affreux peut-être de présumer,
que ceux qui depuis long-tems desiroient en
France une révolution, l'aient voulue telle que
nous l'avons éprouvée. Tant d'horreurs & d'a-
trocités ne peuvent pas être le fruit d'une com-
binaison réfléchie de longue main ; & quelque
méchants que soient les hommes, j'ai de la
peine à croire, qu'il soit entré dans le plan
des conspirateurs, de commettre tous les excès,
toutes les abominations dont nous avons été
les témoins & les victimes. On ne peut nier
cependant que tous ces crimes, n'aient été la
conséquence naturelle des principes, qu'avoit
posés l'*Assemblée*, qui s'est donné le nom de

Constituante. Ils ont été les fruits nécessaires des germes funestes qu'elle avoit jettés sur notre sol. Elle a dû prévoir, elle a prévû que ses successeurs iroient plus loin qu'elle. Elle a rassemblé, elle a disposé toutes les matieres combustibles, qui devoient consumer & dévorer ma Patrie : c'est donc elle que nous devons regarder comme la véritable cause de nos malheurs, & on sait que les Philosophes y dominoient.

Quoiqu'il en soit de cette question, qui ne fait point partie de mon sujet, il est certain qu'en France, depuis long-tems une agitation inquiete tourmentoit les esprits, qu'une classe nombreuse d'hommes préparoit un changement dans la Religion & le Gouvernement, je me souviens très-bien qu'en 1762, quelqu'un digne de foi, se promenant avec moi aux Thuilleries, m'assure s'être trouvé dans une compagnie brillante, ou un grand homme noir & sec, qui avoit des liaisons intimes avec M. le Duc de Choiseul, entra un jour d'un air très-gai, & dit, en frottant les mains ; *j'espere qu'avant peu d'années nous n'irons plus à la Messe.* C' étoit au mois de Septembre, peu de tems après l'arrêt du Parlement de Paris contre les Jésuites, dont M. de Choiseul s'étoit déclaré l'ennemi.

Le projet étoit dès lors arrêté d'attaquer, quand on le pourroit, la Religion & l'autorité Royale. Les Parlemens, soit en persécutant depuis 1750 les Evêques & les Prêtres, pour l'administration des Sacremens, soit par la chaleur & la multiplicité de leurs remontrances,

fa-

favorisoient , peut-être sans le savoir , les vues
criminelles des conjurés , qui n'étoient autres
que les Philosophes & les Jansénistes : car le
Duc d'Orléans n'a été, je crois entre leurs
mains , qu'un instrument , dont ils se sont
saisis vers 1788. Ils ont profité habilement de
son indisposition contre la Cour , pour mieux
assurer leurs coups , & le succès de leurs complots. Avant son exil, qu'il n'a jamais pardon-
né a la Cour de France , & dont la conduite
du Parlement de Paris fût l'occasion, je doute
que ce Prince , tout immoral qu'il étoit , ait
jamais pensé à bouleverser le Royamme, & à
détrôner Louis XVI. Ce sont les Jansénistes
& les Philosophes qui ont conçu , hâté , con-
sommé la révolution.

Mais ils croioient ne pouvoir réussir, tant que
la société des Jésuites subsisteroit , ils la regar-
doient comme une barriere, qu'il falloit absolument renverser. Ils n'ont cependant pas eu
le mérite de l'invention. Frapaolo, (*a*) Moine
apostat, avoit écrit depuis long-tems, que pour
détruire la Religion Catholique, il falloit commencer par les *Jésuites*. Ainsi l'avoit pensé
St. Cyran, le Patriarche du Jansénisme qui dans
son *Petrus Aurelius* , vomit mille horreurs
contre les Jésuites , & répétoit sans cesse, (*b*)

que

_____

(*a*) Frapaolo , lettre 65.
(*b*) Pet. Aurelius passim. Voyez la déposition de
l'Abbé de Prieres dans le procès de St. Cyran ; projet
de Bourg-Font. édit. de Liege, pages 76, 77, tom. 1,

C 2

que *pour le bien de l'Eglise, il falloit décrier* & exterminer ces Peres. Jurieu, ministre protestant, étoit de cet avis, & en parlant de la sentence prononcée par St. Cyran contre les Jésuites, il dit, (a), *c'est une sentence, dont on sait bien que nous n'appellerons pas.* Tous les Calvinistes ont tenu le même langage.

Jansenius en parlant des Jésuites, n'exprimoit ses sentimens pour eux, que par ces paroles du Pseaume 138, *perfecto odio oderam illos* (b). C'est lui qui remuoit ciel & terre pour procurer à St. Cyran des injures contre les Jésuites, (c), & lui fournit les matériaux de son *Petrus Aurelius*; livre fameux & chéri de St. Cyran, qui a servi aux ennemis des Jésuites, comme d'un répertoire fécond, où ils ont puisé toutes les sottises, toutes les calomnies qu'on a publiées contre leur société.

C'est dans cet esprit que Dom Thierry de Vialxnes, Bénédictin apostat, réfugié en Hollande, écrivoit au sieur Petit-Pied, Janséniste comme lui. „ Il faut attaquer de front les Jé-
„ suites, & que les ordres de St. Benoit, de
„ St. Dominique, les peres de l'Oratoire met-
„ tent à leur tête les Docteurs... C'est avec
„ tou-

Le clergé de France a révoqué l'approbation qu'il avoit, par surprise, accordée au Petrus Aurelius :

(a) Jurieu, esprit de M. Arnaud. tom. 1 page 234.

(b) Oraison funeb. de Jans. prononcée à Louvain par le P. de la Pierre, principal du College des Prémontrés.

(c) Voyez les lettres de Jansenius à St. Cyran.

„ toutes ces forces qu'il faut attaquer la Secte
„ Jésuitique, pour la dissiper entiérement (a). „
C'est pour venir à bout de son dessein, mé-
dité depuis long-tems, que la cabale Janséniste
a inventé, & publié *la morale pratique des
Jésuites*, & tant d'autres livres infames ou ridicules, en si grande quantité, dit Bayle, qu'ils
formeroient seuls une nombreuse bibliotheque (b).
Occupés depuis plus d'un siecle à ébranler les
fondemens de l'Eglise, à diminuer dans les Fideles le respect pour ses décisions, & trouvant
toujours dans leur chemin, les Jésuites armés
pour les combattre, les Jansénistes résolurent
enfin d'anéantir ce corps terrible, dont la ré-
sistance active avoit jusques là rendus inutiles
tous leurs efforts contre la Religion de Jesus-
Christ: ils voyoient approcher le moment si
désiré par eux, où, réunis aux Philosophes,
ils espéroient pouvoir abattre d'un seul coup
le Trône & l'Autel. Tous les esprits étoient
préparés par la profusion & la lecture des livres impies & obscénes dont on avoit inondé
l'Europe. On s'étoit assuré des Parlemens. Les
Ministres des principales cours catholiques, sur-
tout de la maison de Bourbon, Choiseul en
France, d'Aranda en Espagne, Tanucci à Naples, Carvalho en Portugal, étoient gagnés depuis long-tems. A force d'intrigues & d'argent

la

______

(a) Troisieme Mémoire sur les projets de Jans.
pag. 1.
(b) Bayle au mot Loyola.

C 3

la société des Jésuites fût détruite dans tous ces royaumes, & cette opération coûta à la France seule vingt-cinq millions, que le Duc de Choiseul ne rougît pas d'enlever au trésor royal, pour soudoïer les coupables agens de sa haine & de ses manœuvres. Ce Ministre insolent (*a*), & déprédateur ne crût pas acheter trop cher, & aux dépens de l'Etat, la destruction d'un corps religieux qui avoit élevé son enfance, mais dont le zele & la vigilance rétardoient la marche d'une révolution, qu'il savoit bien devoir éclater incessamment, & dont les auteurs, peut-être ses complices, vouloient assurer l'exécution, à quelque prix que ce fût. (*b*) Dans le fond, il se soucioit fort peu

(*a*) Louis XV. fit un jour appeller le Duc de Choiseul pour une affaire pressée. Ce Duc fit répondre à son maître, qu'il étoit occupé à une dépêche qui exigeoit de la célérité. Le Roi en attendant, & pour se distraire, monta chez Mdme. Pompadour; il y trouva Choiseul jouant avec elle au trictrac. C'étoit là l'importante dépêche à laquelle il travailloit. Et le Roi ne le chassa pas aussi-tôt.

(*b*) Si le Duc de Choiseul ne fût pas complice de ceux qui en détruisant les Jésuites, vouloient préparer une révolution dans l'Eglise & dans l'Etat, on doit le regarder comme un Ministre peu éclairé & peu prévoyant: car la suppression d'un corps dont les services & les rapports étoient aussi utiles & aussi étendus, devoit nécessairement amener un grand changement dans l'éducation, par conséquent dans les mœurs publiques; & par une suite infaillible, en opérer un dans la maniere de penser. Les hommes sages le prévirent alors, & l'anoncerent tout haut. Ainsi M. de Choiseul, aux yeux de ceux qui voudroient le

peu des Jansénistes, qu'il méprisoit ; mais il n'en servoit pas moins leurs vues, & lié avec les Philosophes, ainsi que d'Aranda, que depuis nous avons vû à Paris, toujours escorté de ces Messieurs, il frappoit l'ennemi qu'ils lui avoient montré, & dont les Philosophes vouloient absolument la perte. La destruction des Jésuites étoit à leurs yeux comme le premier acte de la piéce affreuse qu'ils vouloient jouer. Et que ne mirent-ils pas en œuvre pour la consommer? C'étoit un combat à mort, comme le disoit publiquement l'Abbé Chauvelin, fameux Janséniste , & Conseiller de Grand-Chambre au Parlement de Paris. Le Parlement faisoit-il donc cause commune avec les Jansénistes & les Philosophes? Je n'en sais rien ; mais quoique de tems-en-tems, il donnât des arrêts contre les principes de ceux-ci, il ne laissoit pas d'aller au même but, & sa marche devoit produire les mêmes effets.

C'est sur-tout en 1760, 1761, & 1762 que
les

disculper d'être entré dans les desseins des Jansénistes & des Philosophes, doit au moins paroître un homme borné, & dont les vues ne s'étendoient pas loin ; mais on sait que si dans son ministere, il se rendit coupable de bien de torts, ce ne fût ni faute d'esprit ni de lumieres. Ce n'est point par là qu'il péchoit. On doit donc le regarder comme une des causes éloignées de la révolution. En un mot s'il l'a prévue, c'étoit un méchant homme : s'il ne l'a pas prévue, c'étoit un homme très médiocre. Ce raisonnement est applicable à tous les Ministres qui ont travaillé à l'extinction de la société des Jésuites,

C 4

les Philosophes firent jouer toutes leurs machines pour renverser la société, qui dans toutes les occasions tomboit à bras racourci sur leurs ouvrages, & entre autres n'épargnoit pas l'Encyclopédie, leur enfant chéri. *Tant qu'il y aura des Jésuites,* crioit Alembert, *nous n'avancerons rien, ils retarderont toujours les progrès des lumieres.* Il se donna des mouvemens incroyables, il intringua, il clabauda, il prêta sa plume à différens Magistrats, organes du ministere public. C'est lui qui fit le fameux *Compte rendu* sur l'institut des Jésuites, que prononça M. de la Chalottais au Parlement de Bretagne, ouvrage dont ce Procureur général tiroit grande vanité, mais qui lui attira quelques mortifications dans le sein même de sa compagnie (*a*). Voltaire imprima des pamphlets bas & indignes de lui. La Harpe & les autres folliculaires vendus aux Philosophes echauffoient les têtes par leurs sarcasme contre les Jésuites. Un moine Bénédictin de la maison des *Blans-Manteaux* à Paris composa le volume des *Assertions,* compilation infame, plei-

---

(*a*) Un jour que les Chambres étoient assemblées pour entendre la suite du *Compte rendu* par M. de la Chalottais, ce Magistrat vint avec un visage rouge & enflammé, s'excuser, & dire, qu'il n'étoit pas prêt. Un Conseiller malin s'écria en souriant, *Messieurs, ce n'est pas sa faute, car je ne crois pas que la poste soit arrivée.* C'est que d'Alembert envoyoit à Rennes le *Compte rendu,* par parties, & ce jour-là rien n'étoit venu, ou le courier avoit retardé.

pleine de fausseté, de suppositions, de textes méchamment tronqués, de rapprochemens perfides, de contradiction palpables & révoltantes. Le Parlement adopta ce recueil honteux, l'envoya aux autres Parlemens, en fit la base de son arrêt destructeur, & par-là se couvrit d'un opprobre éternel.

On fit peur à Madame de Pompadour, cel-leci communiqua ses frayeurs au Roi, lui fit entendre que les Jansénistes l'assassineroient encore une fois, s'il soutenoit les Jésuites. Louis XV les aimoit & les estimoit, mais par crainte il eût la foiblesse de céder. La Société fût détruite en France, proscrite, ses membres exclus de tout emploi. On exigea d'eux un serment que leur honneur, & leur conscience ne permettoient pas de faire; sur leur refus d'y souscrire, on les poursuivis inhumainement par-tout, on les chassa, sans que, malgré les recherches & l'acharnement de leurs ennemis, on pût trouver matiere suffisante de faire le procès à un seul.

Après la mort du Pape Rezzonico, Clément XIII, qui les avoit défendus & soutenus de tout son pouvoir, les Ministres que j'ai déjà nommés tromperent encore une fois leurs Monarques respectifs, & firent par leurs intrigues, monter sur la chaire de St Pierre, un moine, qui detruit par toute les chretiennete l'ordre des Jesuites. Ganganelli, c'est le nom de Clement XIV. Ce Pape complaisant n'hesita point de faire tout ce, qu'on lui demanda:

il alla même au de la. Son Bref qui n'a jamais été reçu en France, & même contre lequel l'Eglise de France a formellement reclamé (*a*), ce fut exécuté chez tous les Princes Catholiques.

La rage des Philosophes ne fût pas encore satisfaite. Ils craignoient les Jésuites, tant qu'il en existeroit un seul en Europe, & même au de-là. On fit revenir les Missionnaires d'Asie, d'Afrique & d'Amérique. d'Alembert écrivoit de tous côtés. Choiseul, d'Aranda, Carvalho ou Pombal envoyerent les ordres les plus précis & les plus séveres dans les Colonies soumises à leurs Souverains respectifs.

Fréderic II, Roi de Prusse qui connoissoit mieux les Jésuites que les Philosophes & d'Alembert, les avoit maintenus & conservés dans la Silesie. *Je veux,* disoit ce Prince, *en conserver de la graine, quelque jour toutes les Puissances m'en demanderont.* D'Alembert, avec qui ce Roi Philosophe daignoit avoir une correspondance, le fatiguoit par ses lettres, dont les expressions respirent la haine & la fureur contre ces Peres. On est indigné, en voyant tant de fiel dans l'ame d'un philanthrope, qui quand il ne s'agissoit pas des Jésuites, ne faisoit que prêcher la tolérance & l'humanité (*b*).

En-

(*a*) Voyez la Lettre de M. de Beaumont, Arch. de Paris, écrite au nom, & par ordre du Clergé de France, au Pape Clément XIV, au sujet de son Bref, qui supprime & éteint la Société des Jésuites.

(*b*) Voyez dans les Ouvrages postumes du Roi de Prusse, sa correspondance avec d'Alembert.

Enfin Fréderic ordonna aux Jésuites de changer d'habit ; mais il se garda bien de renvoyer les individus, & les laissa dans leurs fonctions. L'Impératrice de Russie fût la seule, qui sût résister aux sollicitations des Philosophes ; & par une circostance singuliere, cette Princesse séparée de la Communion de Rome négocia avec Pie VI, successeur de Ganganelli, & actuellement Pape, pour qu'il autorisât les Jésuites à recevoir de nouveaux sujets, & à se recruter dans ses Etats. Pie VI y consentit par un Bref particulier adressé à l'Impératrice & à l'Evêque de Mohilow. Ainsi la Russie est le seul pays où il y ait encore des Jésuites.

Mais, pourquoi donc tant d'effort, pourquoi tant d'intrigues & de mouvemens de la part des Jansénistes & des Philosophes ? Quel grand intérêt avoient-ils donc à l'extinction d'un corps si utile à l'éducation de la jeunesse, à l'instruction des peuples, a la culture des lettres & aux bonnes études ? Ah ! c'est que les Jésuites, quoiqu'en ayent dit leurs ennemis, défendoient partout l'autorité légitime des Rois ; c'est qu'ils maintenoient par leur exemple & leur enseignement, l'obéissance aux Puissances établies par Dieu lui-même ; c'est qu'ils prêchoient par-tout avec ardeur, soutenoient avec zele & avec courage la Religion Chrétienne & Catholique c'est qu'ils s'opposoient de toutes leurs forces au regne de l'impiété que les nouveaux docteurs avoient résolus

d'étad'établir dans leur patrie d'abord, & ensuite dans toute l'Europe. Les Jésuites l'avoient pressenti & annoncé (a). Les hommes sages & réfléchis le voioient comme eux : en effet c'étoit évidemment là le plan de ces nouveaux régénérateurs : & des qu'ils ont été les maîtres, on les a vû renverser les Autels, détruire les Temples du Seigneur, abolir le Culte saint, essayer de soulever par leurs décrets & leurs propagandistes, tous les peuples contre leurs Souverains, emprisonner le leur, le rassasier de douleurs & d'opprobres, le condamner à mort, & le faire expirer honteusement sur un échaffaud lui, la Reine son épouse & sa sœur. C'est qu'ils vouloient abolir, non seulement en France, mais s'il leur étoit possible, dans le monde entier le nom de Jésus-Christ, & celui de Roi. C'est parce que l'espérience leur avoit appris que la Société des Jésuites ne cesseroit de fournir des combattans actifs & intrépides, qui déconcerteroient toujours leurs projets, qui rendroient inutiles tous leurs efforts pour opérer une révolution ; c'est qu'anfin le seul moyen, selon eux, d'amener cette révolution, & d'en assurer le succès, étoit de détruire jusques dans sa racine cette société rédoutable, dont l'existance leur paroissoit absolument incompatible avec leurs vues. Les Gouvernemens s'y prêterent. On voit aujord'hui

(a) Voyez les Journaux de Trévoux, & les Sermons du P. de Neuville.

hui ce qui en est résulté. Leçon terrible &
bien éloquente pour les Gouvernemens, dont
la ruine est souvent le fruit d'une grande in-
justice !

Qu'est il arrivé ? les Assemblées nationales
ont traité le Clergé, la Noblesse & les Parlemens, comme les Parlemens avoient traité les
Jésuites ; & selon la remarque naïve d'un bon
Magistrat Hollandois, depuis qu'il y a eu *des*
ci-devant Jésuites ; on a vu que des ci-devant
Avocats, des ci-devant Conseillers, des ci-de-
vant Marquis, des ci-devant Comtes, des ci-
devant Présidens, des ci-devant Ducs, des ci-
devant Princes, &c.

Le célèbre Avocat général Talon l'avoit
bien dit, mais inutilement, aux chambres assemblées du Parlement de Paris le 23 Janvier
1687 , *Que le Jansénisme etoit une faction*
dangereuse, qui n'avoit rien oublié depuis 30
ans, pour diminuer l'autorité de toutes les
Puissances ecclésiastiques & seculieres qui ne
lui etoient pas favorables.

L'Auteur Philosophe qui a écrit la vie du
Duc d'Orléans Régent , après avoir détaillé
fort au long les menées & la doctrine nouvelle des Jansénistes, avoit eu beau s'exprimer
ainsi :

„ Est-il possible que des corps éclairés n'aient
„ pas fait les réflexions que je viens de pro-
„ poser, qu'ils se soient laissé séduire comme
„ des femmes, qu'ils aient véritablement ado-
„ pté ces sentimens ? Quel est donc leur des-
„ sein ?

„ sein? Je crois l'entrevoir; mais je me don-
„ nerai bien de garde de m'expliquer; c'est
„ aux Puissances qui y sont particuliérement
„ intéressées, à le prévoir, & à l'empêcher,
„ si elles le peuvent (a) ". Tout le monde a
lû la vie du Régent, quel est l'homme public
qui ait daigné faire attention à cet article,
qui cependant, en peu de mots, donne à entendre bien des choses dont la réalité ne s'est
que trop bien vérifiée. L'auteur de cette pré-
diction politique n'étoit pas Jésuite, il s'en
faut de beacoup.

Jean-Jacques Rousseau l'avoit bien dit, que
les Jansénistes & les Philosophes, tout en prê-
chant la tolérance, *sont les plus intolerans des
hommes, & que si jamais ils etoient les plus
forts, nous verrions bientôt s'elever un tribu-
nal de sang & d'ignorance* (b).

Oui, de tous les Fanatismes, le plus cruel
& le plus affreux, est celui de l'impieté. Il
punit sans pitié comme un crime, tout ce qu'il
soupçonne lui être opposé. Il ne parle que de
liberté, & sous sa verge de fer tout est escla-
ve ou doit périr. Il tyrannise jusqu'à la pen-
sée. Il faut être ou son complice, ou sa victi-
me. Le spectacle de la France couverte de rui-
nes, inondée de larmes, & où des flots de
sang ruisselent de toute part, est une preuve
malheureusement trop convaincante de cette
horrible vérité.

Fran-

(a) Vie du Duc d'Orléans, Tome 2 page 231.
(b) J. J. Rousseau, nouvelle Heloise, & ailleurs.

François de tous les états, de tous les ordres, de tous les rangs, souffrez que je vous
le dise, en terminant ce petit ouvrage, vos
maux ne finiront que quand tous de concert
vous reviendrez sincérement au Dieu de vos
peres, que vous avez offensé. Vos soupirs,
vos regrets, votre retour au Seigneur & à sa
Religion, plus forts que toutes les armées des
Puissances réunies, mettront seuls un terme à
vos malheurs. Revenez à Dieu, jurez de lui
être désormais fideles; & je vous promets qu'il
reviendra lui même à vous; j'en ai pour ga-
rant sa parole qui ne peut me tromper. *Con-
vertimini ad me, & convertar ad vos.* Zach.
c. I. *Invoca me in die tribulationis, eruam
te, & honorificabis me.* Ps: 49.

F I N.

www.ingramcontent.com/pod-product-compliance
Lightning Source LLC
LaVergne TN
LVHW021155200726
843510LV00001B/376